VERS SOUFFLÉS

Damien KHERES

VERS SOUFFLÉS

Poésie

éditions BOD

©2013 Damien Khérès
Edition : Books on Demand GmbH
12/14 rond-point des Champs Elysées
75008 Paris, France.
Dépôt légal : octobre 2013
ISBN : 978-2-322-03386-7

Couverture : Clément BUEE

À mes filles...

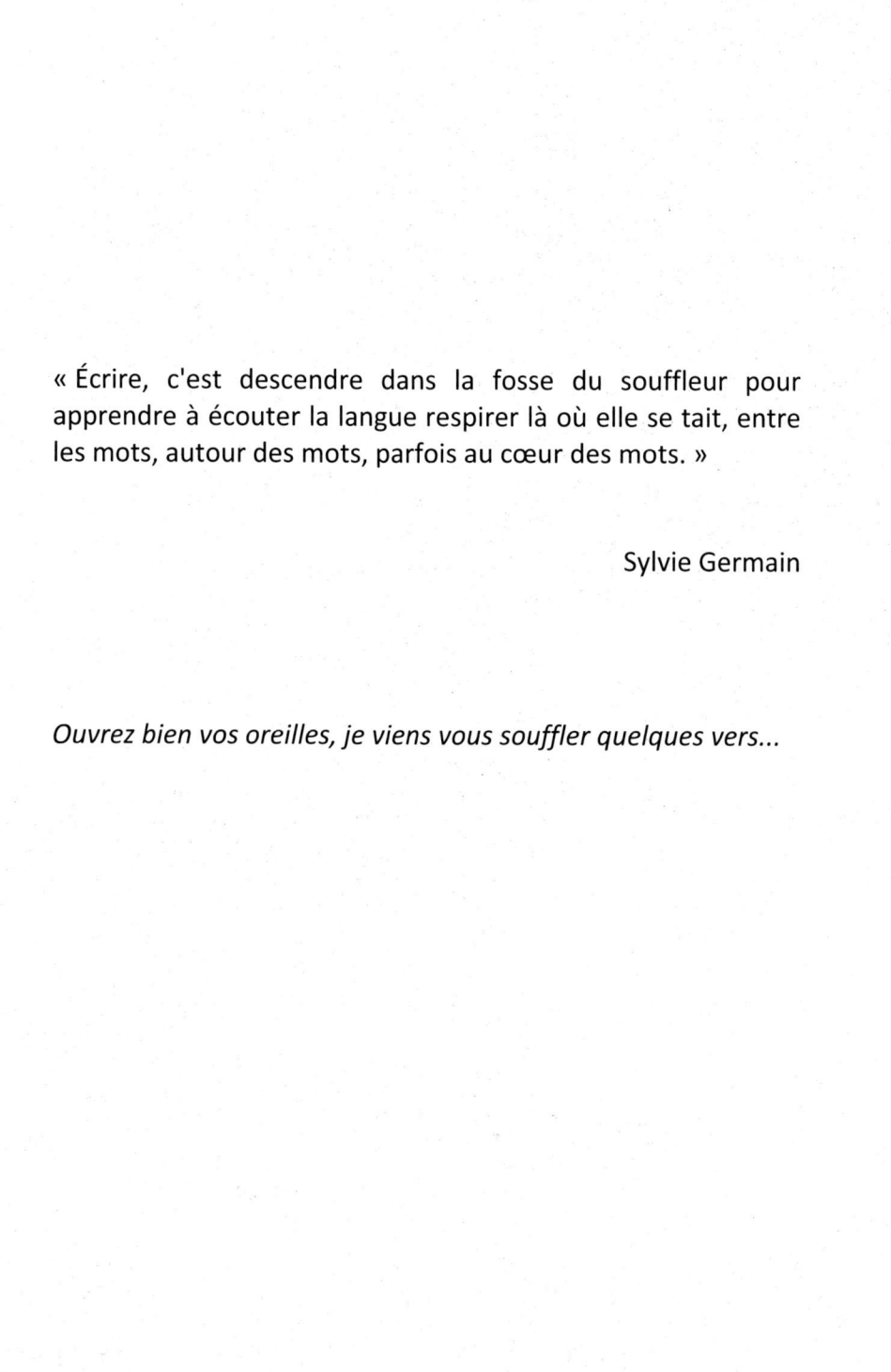

« Écrire, c'est descendre dans la fosse du souffleur pour apprendre à écouter la langue respirer là où elle se tait, entre les mots, autour des mots, parfois au cœur des mots. »

Sylvie Germain

Ouvrez bien vos oreilles, je viens vous souffler quelques vers...

PREFACE

D'une profonde et longue inspiration
J'ai soufflé ces vers avec passion.
Mais je n'aurai rien écrit, je le confère
Si la vie ne m'avait pas soufflé ces vers

Vers soufflés, façonnés à mon image
Vers soufflés, traduits de mes images

Soyez les bienvenus dans mon uni-vers !

Pour ce troisième recueil, vous retrouverez toujours les différentes formes de textes que j'aime écrire, à savoir des textes « ludiques » nés de divers jeux sur les mots, des textes tragiques - car j'ai toujours trouvé que les textes noirs avaient plus de force, plus de portée poétique - et des textes plus personnels inspirés de mon quotidien.

Je n'ai volontairement pas regroupé les textes selon ces critères car je voulais que le lecteur puisse passer d'un texte à l'autre en changeant d'univers, de style. Excepté pour les textes « histoires » dans lesquels, même si la construction et le fond sont les mêmes, les univers sont différents puisque chacun de ces textes teintés d'humour émet un parallèle entre l'amour et le thème propre du texte. À première vue, cela semble très peu évident de comparer l'amour avec le poker, les astres, le parfum, le vin ou encore les échecs mais c'est ce qui rend les textes intéressants et amusants.

    Ainsi, au fil des pages, j'ai souhaité que le lecteur découvre puis retrouve ponctuellement des styles, des ambiances, qu'il s'amuse à me suivre dans mon imaginaire et surtout qu'il prenne autant de plaisir à déguster mes vers que j'ai eu à les écrire.

    Le choix du titre « Vers Soufflés » est un clin d'œil à la ville dans laquelle je vis désormais, Biot, reconnu mondialement pour ses souffleurs de vers. Mais c'est surtout par rapport à ce que cela évoque, justement un artisanat, celui de façonner une matière à son image, où les mots seraient mon matériau que je manipule pour leur donner une forme qui me ressemble. Cela évoque également l'idée que ce que j'ai écrit est dicté par quelque chose, comme soufflé par quelqu'un, puisque je puise naturellement dans ce que je vis, dans ce que je vois, dans ce que je suis.

    J'espère que vous apprécierez ces textes en vous laissant portés par mon souffle de vers.

    Bonne lecture.

                                Damien, le 18 avril 2013

SOMMAIRE

Enceint..15
Les vibrations du monde...16
La chute..18
Faits divers...22
L'échappée belle...24
Pile ou face...27
Reclus...29
Cœur à corps..31
Des chiffres et des lettres..32
Histoires
    Une histoire de voyance astrale..............................35
    Une histoire de parfum..37
    Une histoire de vin..39
    Une histoire d'échec...41
    Une histoire de poker...43
Lettre à Maely...46
Lalie aime les lilas..48
L'addition..51
Petite princesse ne t'en fais pas 54
Jeux de lumières..56
Sculpteur de vers...58

Vérité et Mensonge..61
Renaissance...63
Les poétiques anonymes...66
Vengeance amère..69
Nouvelle branche...71
À la recherche de l'enfance volée 72
Descente d'organes..75
Dans mes yeux..78
J'attends...80
Conte de grime..82
Sur la route du Rhum..85
Jeux de Rhum..86
Le café du matin..88
Instants...90

Vers soufflés

Enceint

Je ne t'ai pas encore donné de prénom
Et pourtant je te vois grandir.
Je sais juste que tu porteras mon nom
Et que je ferai tout pour te voir rire.

Je ne t'ai pas encore pris dans mes bras
Et pourtant je peux te sentir bouger,
Ma main posée juste contre toi
Où je t'imagine, protégée.

Tu n'es pas encore présente
Et pourtant tu existes,
Comme le projet précédant
Un chef d'œuvre d'artiste.

Tu n'es pas encore là
Et pourtant c'est comme si.
J'ai hâte que tu sois,
Et que tu vives ma vie.

Damien Khérès

Les vibrations du monde

J'ai tant cherché à m'évader,
À imaginer d'autres existences,
Que mon imagination bridée
Multiplie les non sens.

Serai-je devenu fou
À m'inventer des vies ?
Quelle est cette illusion d'où
Ma vérité dévie ?

Je suis un acteur
Aux multiples facettes
Et un pseudo auteur
Au désir d'être honnête.

Je cultive l'empathie
Parsemée d'un brin d'humanisme
Pour faire vivre mes écrits
Dans l'ombre du réalisme.

J'use parfois de personnages
Comme un costume de pensées

Vers soufflés

Car je maquille mes messages
Dans une vérité poudrée.

Appelez moi jongleur, troubadour,
Ou bien poète à la rime profonde,
Je ne suis qu'un modeste tambour
Qui traduit les vibrations du monde.

Damien Khérès

La chute

Ramasser toujours plus de gain et amasser les arnaques
Jouer, miser et gagner toujours plus d'argent
Toujours plus d'entrain à casser la baraque
Mon pantalon, ma chemise et me voilà sur tous les plans.

Devant les faibles, je déboule et déroule le tapis rouge.
Dans la foule, je ne suis qu'un simple amuseur,
Une tête d'ampoule qui boursicote tout ce qui bouge,
Donnez moi votre confiance et je vous mets à poil en une heure.
Rien ne m'effraie, tout me stimule, je suis invincible,
Plus rien ne m'atteint, je suis prêt à tout.
Pas d'état d'âme, ni de regrets, je suis impassible,
On dit que dans mon métier c'est un atout.

Sur un air bien connu, il m'arrivait parfois de chanter
Ce refrain lancinant qui m'encourageait :
♪♫♪ Sur le dos des pigeons, on dépense, on dépense ♪♫♪
♪♫♪ Sur le dos des pigeons, on dépense tous des ronds ♪♫♪

Enfin, ça c'était avant...
Mais c'est fini maintenant...

Vers soufflés

« Faites vos jeux, rien ne va plus ».
Non, rien ne va plus...

Avant je me dorais la pilule sur la plage, à l'air faste d'Ibiza
À présent je dors et je bulle sur la plage arrière de ma Seat Ibiza.

Avant je gonflais les enjeux d'une richesse sans limite
Aujourd'hui je ne gonfle que les pneus de la caisse où j'habite.

Avant je jouais des montagnes en bourse
Aujourd'hui je n'ai qu'un trou dans mes bourses.

Avant j'avais toujours mon attaché-case et mon porte-feuille
Aujourd'hui j'ai des valises sous les yeux et je porte le deuil.

Avant j'avais le frigo vide parce qu'en prince je ne mangeais qu'au resto
Aujourd'hui je me demande pourquoi je ne l'ai pas rempli avant de devenir crapaud.

Fini les petits toasts au champagne et les week-ends scabreux à la campagne
Maintenant c'est le pain rassis du bagne et les coins miteux sans compagne.

Fini la flambe, l'insouciance, la fierté de toujours en mettre plein la vue
Tout ne semble plus qu'errances, la pitié dans leurs yeux j'en ai plein le cul.

Damien Khérès

Fini les regards envieux de ma réussite
Il n'y a que les vieux qui convoitent ma jeunesse qui s'effrite.

Fini la grande maison, la frime et les oiseaux qui chantent
Y'a plus de saisons, la déprime et les maux me hantent.

Fini les bonus bien mérités, les cartes de crédits et les chèques
Je ne suis plus qu'un raté qui subit son échec.

Fini la luxure d'une existence aisée sans aucun stress
Y'a que des raclures sans consistance qui m'agressent.

Fini les bons samaritains qui me donneraient volontiers leur main
Y'a que des cons pas très malins qui me prennent pour un déchet humain.

Fini les loisirs et les emplois du temps bien remplis
Aujourd'hui, je n'ai pas de plaisir à ne plus rien faire de ma vie.

Fini les dépenses compulsives, les abus de pouvoir et les pourboires,
Fini la gloire et les grands soirs à refaire le monde autour d'une poire
Aujourd'hui je n'ai plus d'espoir et je n'ai même pas de quoi m'acheter à boire.

J'ai l'impression de m'enfoncer toujours plus profond dans la misère,
Je me croyais pourtant immunisé face aux malheurs.

Vers soufflés

Aujourd'hui je me demande si je vais passer l'hiver
Et si je finirai un jour par retrouver le bonheur.

Du haut de ma montagne, j'étais au-dessus des nuages.
Je suis tombé bien bas et j'ai tout perdu dans ma chute.
J'ai cru que je pouvais voler, que je pouvais vaincre l'orage
Mais j'ai eu tort d'avoir bravé ce que le destin réfute.

Damien Khérès

Faits divers

Fait d'hiver

Nu comme un ver, à découvert et sans vernis,
J'ai passé l'hiver couvert de dettes.
Envers et contre tous mais surtout vers les ennuis,
J'en reste vert, la tête à l'envers et la bouche ouverte.

Fais dix vers

_ S'il te plait, écris moi dix vers.
_ Je veux bien mais donne moi au moins l'univers.
_ L'univers des vers ? Je ne sais pas moi, des vers sur des sujets divers.
_ Des sujets d'hiver ? Tu veux des vers de saison ? Car si tu veux des vers d'hiver, il vaut mieux des vers bien couverts. Sinon, ce sera des vers plutôt verts et un peu plus découverts.
_ Non, épargne moi la saison. Je veux juste dix vers que tu auras découvert.
_ Mais si je les ai découverts c'est qu'ils ne sont pas d'hiver.
_ Tu comprends tout de travers.

Vers soufflés

_ Je te trouve un peu sévère. S'il s'avère que ces vers sont d'hiver, je ne peux pas les avoir découvert. C'est un raisonnement pervers. Je ne comprends rien.
_ Allez, persévère.
_ Ah il faut savoir ce que tu veux. Tu me demandes de les perdre maintenant.
_ Mais non, je ne te demande pas de les perdre puisque je veux que tu les découvres.
_ ...
_ Bon laisse tomber et allons plutôt prendre un verre.
_ Toi qui voulais dix vers, tu vas finir par n'en avoir qu'un seul !
_ Je vais surtout finir par prendre ce verre tout seul si tu continues.
_ Tu devrais te méfier du verre solitaire. Allez, viens on va se les prendre ensemble ces verres !
_ Faudrait déjà que tu les écrives !

Damien Khérès

L'échappée belle

Lisa était loin d'être une fille modèle,
Peut-être une ado pas très sage.
Elle cherchait juste à déployer ses ailes
Du haut de son épais nuage.

Et du haut de ses 16 ans, Lisa avait très mal réagi
Quand ses parents lui avaient annoncé qu'elle n'irait pas.
Elle n'ira pas à cette fête, ils ne changeront pas d'avis,
Lisa devra subir ce refus qu'elle ne supportait pas.

Mais malgré la sentence, elle fomenta sa révolte
La dictature parentale avait assez duré.
Ce fut par la fenêtre et non par la porte
Qu'elle s'échappa pour se rendre en soirée.

Enfuie des griffes d'une autorité injustifiée,
Lisa savourait son auguste victoire
D'une nouvelle liberté qu'elle dégustait
Et à laquelle s'incrustait l'espoir.

Dans la chaleur de la nuit, elle rencontra ce garçon
Qui provoquait en elle un profond tumulte.

Vers soufflés

À son ivresse, elle ne prêtait pas vraiment attention
Elle embrassait fièrement l'illusion d'être adulte.

Puis, prise de remords, elle décida de repartir
Son audacieuse évasion avait fait son temps.
Le jeune homme éméché accepta de la reconduire
Mais par mégarde n'a pas pu éviter l'accident.

Encore sonnée, Lisa ne se réveilla pas dans ses draps
Elle mit quelque temps à reprendre ses esprits.
À la vue des tubes et des perfusions dans ses bras,
Elle mesura les dommages et de sa fuite le prix.

Lisa n'était pourtant pas au bout de ses peines
L'infirmière ne lui avait pas dit tout de suite.
La pauvre fille souffrait de terribles migraines
Et de nombreuses blessures gratuites.

Quand elle apprit que dans cette mésaventure
Son nouvel ami avait péri,
Ainsi que les deux passagers de l'autre voiture,
Tués sur le coup aussi,
La pauvre Lisa subit un traumatisme violent
Et plongea brusquement dans le tourment.

Alors cherchant du réconfort
Elle demanda à voir ses parents,
Qu'ils la prennent bien fort
Dans leurs bras apaisants.

Damien Khérès

Elle voulait s'excuser d'avoir désobéi,
D'avoir agi ainsi en méprisant leur jugement.
Mais elle ne pouvait désormais plus leur dire,
Les deux autres victimes étaient en fait ses parents.

Vers soufflés

Pile ou face

Les souvenirs s'empilent et les aigreurs s'effacent
La mémoire compile nos actions quoiqu'on fasse
En profondeur ou en surface
Le destin dépile nos choix sans préface
Du coté pile, du coté face

***

Dès que pointe midi pile,
Il s'efface et teste son sex-appeal
Pour une petite partie de face-à-fesse souple
Avec cette fille rencontrée sur l'interface de facebook.
Et désormais de son sexe à pile
Que voulez-vous qu'elle en fasse ?
Le mettre sous la pile jusqu'à son volte-face
Car tout ça l'horripile
Et lui fait perdre la face.
Pile ou face ?
Face, il rempile.
Pile, il l'efface.

Damien Khérès

***

En face, elle s'épile
Elle s'effeuille en surface.
Tous les soirs elle rempile
Puis s'efface à minuit pile,
Tandis que le jour elle se voile la face
Et tire sa vie à pile ou face.
Face, elle rempile.
Pile, elle s'efface.

Vers soufflés

Reclus

Jusqu'ici, sa vie n'avait rien de très palpitant
Il n'avait pas vraiment de relations sociales.
Dans le théâtre de sa vie, il se sentait comme un intermittent,
Comme un spectateur qui préférerait changer de salle.

Et puis, il s'est enfin mis à internet
Cette espace avait l'air accueillant
On en oublie même d'y être honnête
En se créant de faux semblants.
Il valait mieux pour lui se mettre au net
Afin de laver son mal-être persistant
Aussi efficace qu'insignifiant
Comme espérer un jour voir une rame de métro nette.

Il était monté dans le train de la technologie
Et avait laissé filer celui de la philanthropie,
Filant tout droit vers un refuge factice,
Bien enveloppé dans la douillette matrice.

3002 ! Ça y est, il avait dépassé la barre des 3000 amis.
Jamais il n'aurait pensé être aussi populaire,
Les réseaux sociaux c'est vraiment l'euphorie

Damien Khérès

Des relations de copinages éphémères.

Il avait même une petite amie qu'il avait rencontré sur le tchat
Avec laquelle il communiquait tous les jours.
Il finissait alors par avoir plus que hâte
D'espérer un jour pouvoir lui faire l'amour.

Mais il se doutait bien qu'elle n'accepterait pas,
Surtout quand elle le verrait en vrai.
Il se contentera de le faire seul dans ses draps
Et continuera à vivre dans le secret.

À part ça, il n'avait pas à se plaindre
Il menait clandestinement une vie parallèle,
Dans laquelle il avait plaisir à feindre,
Se faisant passer pour un être exceptionnel.

Et puis c'était un atout de pouvoir tout faire de chez soi
Sans avoir à se déplacer inutilement à tout-va.
Il pouvait faire ses courses ou son shopping d'un clic de souris,
Voyager quand ça lui chantait dans n'importe quel pays.
Pas de nouveau film au cinéma, il suffisait de le télécharger
Et même pas besoin de parler, il n'avait qu'à pianoter.

Et oui, il ne voyait pratiquement personne mais c'était mieux comme ça,
Là au moins il avait l'impression de maîtriser sa vie.
Il avait tout à portée de main et portait son imaginaire à bout de bras
S'essoufflant à oublier peu à peu ses intimes soucis.

Vers soufflés

Cœur à corps

Mon cœur moqueur t'écœure
Mais j'ai besoin de corps à corps.
Cela me tient à cœur
Car j'ai le diable au corps.

Je connais ton corps par cœur
Alors enlaçons nos cœurs dans un parfait accord
Et je te donnerai mon cœur, encore.

Ce n'est pas à contre-cœur que je te picore
Mais à bras le corps que je veux ton cœur,
Ton cœur contre mon corps,
Ton corps contre mon cœur.

Oublions la rancœur
Et parle moi encore.
Tes mots me vont droit au cœur
Mais je crois que t'es plus d'accord.

Je ne fais plus partie de ton cœur,
Ni même de ton décor.
Je ne suis qu'un pauvre arna-cœur
Qui a battu tous les records.

Damien Khérès

Des chiffres et des lettres

Z'héros

Accro à l'héro et un **zéro** de conduite,
Il a fini en prison et **zéro** risque de fuite.
Une fois sorti des barreaux avec la boule à **zéro,**
Il décida de repartir de **zéro** et de ne plus jouer les héros.

D'eux

Lui ou l'autre ? Elle avait le cul entre **2** chaises.
Pourtant elle savait qu'il valait mieux ne pas courir **2** lièvres à la fois.
Jouer sur les **2** tableaux la mettait un peu mal à l'aise
Mais entre les **2**, elle allait bien finir par faire son choix.
De **2** choses l'une, soit elle avait bel et bien une préférence,
Soit elle continuait à nager entre **2** eaux.
Le problème c'est qu'entre les **2** son cœur balance,
Ils se ressemblaient comme **2** gouttes d'eau.

Partagée dans **2** lits, elle faillit se faire prendre,
À **2** doigts du délit, elle prit une sage décision.

Vers soufflés

Elle se résolut à dire à chacun **2** mots pas très tendres
Pour finalement se séparer d'eux sans distinction.

Quatrain (4-1)

Ennemi public numéro **1**, toujours tiré à **4** épingles,
Ne dormait que d'**1** œil jusqu'à ce qu'on l'épingle.
Les victimes espéraient bien qu'un de ces **4** matins
Il serait entre **4** murs avec sa culpabilité ne faisant qu'**1**.

De 0 à 10

Cet homme effondré eut le courage de recommencer à **0**
Comme **1** seul homme il décida d'affronter ses démons.
En moins de **2**, il parvint à reconstruire son égo
Pour faire place à une nouvelle vie en **3** dimensions.

C'est aux **4** coins du monde qu'il oublia son passé suicidaire
En côtoyant sur les **5** continents les peuples miséreux.
Son dévouement humanitaire avait jeté ses remords **6** pieds sous terre,
Son existence avait enfin chaussé ses bottes de **7** lieues.

La vie est un grand **8** avec ses hauts et ses bas
Désormais épanoui, il en avait fait la preuve par **9**
« Une de perdue, **10** de retrouvées », comme on dit parfois
Le temps de compter jusqu'à **10** et il se remet de sa condition de veuf.

Damien Khérès

Histoires

Vers soufflés

Une histoire de voyance astrale

Elle m'a prédit prospérité,
Une belle destinée de gémeaux.
Sans hésiter, j'ai cru ses mots,
Mon astrologue me plaisait.

Je l'ai fréquenté, je l'ai gravité
À m'en tourner la tête.
Je l'ai désiré, je l'ai convoité
Comme on traque une comète.

Si Vénus a succombé à Mars
C'est par la force d'attraction
Qui fait qu'entre des milliers d'étoiles éparses
Deux corps entrent en collision.

Le choc fut violent,
J'en suis encore abasourdi
Figement de l'espace-temps,
Et membres engourdis.

La tête dans les étoiles,
Nous n'avions plus les pieds sur terre.
L'amour tissait sa toile,
Elle était le soleil de mon système solaire.

Damien Khérès

Tout a foiré lorsqu'elle a voulu changé d'orbite.
Elle s'est sentie libre d'explorer une autre planète,
Éclairant le vide d'une lumière subite,
Jusqu'au silence radio, le calme plat. Net.

Notre monde a mal tourné,
Je ne le vois plus pareil.
Mon astrologue est mal lunée,
Elle a pris un coup de soleil.

Alors où sont ma prospérité et ma belle destinée ?
Se seraient-elles envolées avec ma voyante ?
Repartie aussi vite qu'elle n'était arrivée,
Dans mon ciel était passée une étoile filante.

En apesanteur, je tombais des nues
Empli d'une vacuité cosmique.
Sans elle, je me sentais tout nu,
J'avais froid, c'était tragique.

Notre monde a mal tourné,
Dans son plus triste appareil.
Mon astrologue est mal lunée,
Elle a pris un coup de soleil.

Notre amour fut un total désastre
Mais l'espace est vaste et les étoiles infinies
Et c'est évidemment la faute des astres
Si cette histoire est finie !

Vers soufflés

Une histoire de parfum

Voici l'histoire de ma rencontre avec une fleur
Qui a diffusé depuis ses saveurs olfactives
Dignes des plus grands parfumeurs
Et aux senteurs toujours actives.

Ce soir-là, j'avais un petit coup dans le nez
Mais j'ai senti que c'était elle dès que je l'ai vu.
Elle fleurait bon l'amour et la sincérité
Tandis que de moi s'émanait l'alcool que j'avais bu.

Sur ce coup-là je pense que j'ai eu du flair
Elle aussi s'est mise à me renifler.
On a tous les deux fini par se plaire
Et on ne voulait déjà plus se quitter.

Tout comme les trois notes d'un parfum,
Celle de sa tête était plutôt agréable,
Celle de son cœur confirma mon entrain
De penser qu'au fond elle m'était indispensable.

Les narines imprégnées de cette odeur enivrante,
Je respirais à pleins poumons mon bonheur,
Comme des effusions de phéromones incessantes
Qui dans des vapeurs, enjolivent nos humeurs.

Damien Khérès

Je suis là, je vous raconte cette histoire,
Tous les détails de cette relation parfumée
Mais j'arrête car vous allez finir par me croire
Et mon esprit facétieux va finir par fumer.

Loin de moi l'idée de vous mener par le bout du nez,
Je voulais simplement vous mettre au parfum.
Alors, pas de fin mot à cette histoire embaumée
Si ce n'est de conclure les mots de ce texte par « FIN ».

Vers soufflés

Une histoire de vin

Je me souviens encore de cette rencontre,
En septembre de cette année, c'était le 20.
Mes premiers mots m'ont fait passé pour un monstre
Car en fait j'étais un peu bourré, c'était le vin.

J'ai tout de suite remarqué sa belle robe,
Son goût fruité et son teint rosé,
Puis son visage devenu rouge qui se dérobe
Pour éviter d'écouter mes propos avinés.

Afin de me rattraper et pour qu'elle vire au blanc,
J'ai tâché d'être moelleux en cachant mes cernes.
Fallait à tout prix que je me montre charmant,
Je ne voulais pas qu'elle me prenne pour un sot terne.

Au bout d'un moment, je crois qu'elle en avait plein le fût.
À sa couleur, je sentais qu'elle ne voulait plus me voir.
Rond comme une barrique et de plus en plus confus,
On ne se comprenait pas, on n'était pas du même terroir.

L'acidité avait pris le dessus dans nos échanges
Fallait-il que je laisse un peu décanter ?
Je me suis dit qu'il fallait vite que je change,
Que je change ma tactique pour tenter de l'enchanter.

Damien Khérès

Alors j'ai mis un peu d'eau dans mon vin,
De l'humour et du charme dans un habile assemblage.
Je ne pouvais pas prévoir, je ne suis pas devin
Qu'elle me mette en bouteille en me traitant de sauvage.

Je l'ai finalement revu quelques jours après
Elle avait un joli nez et de nouvelles couleurs.
Pour la séduire, je lui ai apporté un joli bouquet
Elle a aimé les arômes que dégageaient ces fleurs.

Contre toute attente, nous avons élaboré notre cru,
Celui issu de la récolte du fruit de notre amour délicat.
Et voici la conclusion de cette union dont personne n'a cru :
« L'amour a ses raisons que le raisin ne connait pas ».

En vrai conclusion, j'aimerai juste ajouter cette citation :
« Le mariage vient de l'amour comme le vin du raisin ».
Alors nous allons boire goulûment mais avec modération
En tachant de ne pas nous étouffer : méfions-nous des pépins !

Vers soufflés

Une histoire d'échec

Voici l'histoire de mon échec.
Métisse, elle était mate de peau
J'ai pas réussi à être son mec
Échec et mate, voilà le topo.

Quand toute cette histoire a commencé
Je n'étais qu'un pion dans un lycée.
Et un jour je rencontre une reine,
Une de celle que votre cœur malmène.

À cette époque, j'étais plutôt sérieux, bien dans ma case
Et puis je n'osais jamais draguer, je me trouvais nase.
Mais là je sentais que j'avais un coup à jouer
Fallait faire vite, le temps m'étais compté.

En fait, elle était caissière
Et moi un client permanent
Mais entre nous une frontière
Et chacun dans son camp.

Je l'observais comme un espion en nage
Elle me rendait comme un lion en cage,
Comme un lion dans l'arène
Car en elle, je voyais ma reine.

Damien Khérès

J'aurais fait n'importe quoi
Pour devenir son roi.
J'étais comme un fou attendant son tour,
J'aurais donné tout pour lui faire la cour.
Au lieu de ça, je lui faisais des chèques
Pour payer mes tomates.
Entre nous y'avait juste des maths
Et un gros échec.
Pour elle, je suis juste un mec qui la mate :
Échec et maths...

Alors, un peu cavalier, j'ai tenté une ouverture
J'étais devenu un pion sur l'échiquier de ses sentiments.
Il fallait tenter le coup pour en être vraiment sûr
Et j'avais réfléchi ma tactique suffisamment.

Quand ce fut le moment,
Je suis devenu tout blanc.
Puis, j'ai fini par broyer du noir,
Elle m'avait dit d'aller me faire voir.

Dans le jeu de la vie
Il faut toujours avoir un coup d'avance,
Et surtout une bonne stratégie
Pour éviter les malchances.

Bref, j'ai perdu ma reine
En me faisant doubler.
Faut vraiment que je m'entraîne
Échec et mat, partie terminée.

Vers soufflés

Une histoire de poker

Un jour, j'ai fréquenté une fille mystérieuse
Notre histoire a été un gros coup de poker.
Je me souviens encore de cette période heureuse
Et de ses fesses à la peau claire !

Plein d'espoir, j'avais quitté la table
Du célibataire endurci
J'avais misé sur une relation durable
En mettant tout sur le tapis.

Au départ, j'avais les jetons,
Elle m'intimidait de son regard.
Je me sentais en observation
Derrière mes timides remparts.

Quand enfin je me suis senti à l'aise,
Pris par la folie du jeu,
J'avais écarté tout malaise
Je pouvais la regarder dans les yeux.

Je me suis alors mis à flamber comme un roi
Ma dame de cœur était devenue une reine.
Quelle aubaine d'avoir retrouvé la foi
Cette fille en valait vraiment la peine.

Damien Khérès

À peine avalée
La pilule du bonheur,
Je cavalais sans gène
Dans l'arène, sans peur.
Je m'étais proclamé
Un valet fidèle à sa reine
Dans la vallée des rêves
Car elle en valait la peine.

Ça y est cette fois c'était la bonne,
Je n'avais plus besoin de piocher.
Loin de moi l'idée de changer la donne,
La chance m'avait si bien gâté.

Logiquement, je lui avais demandé sa main,
Il était temps de dévoiler mes cartes.
Mais j'ai accepté que mon désir reste vain,
Je ne voulais surtout pas qu'elle parte.

Et puis, elle m'a annoncé la couleur,
Bien qu'une paire de fois elle avait hésité.
Elle ne voulait plus de suite à notre bonheur,
Je crois qu'elle n'en avait plus rien à carrer.

Et moi j'ai eu beaucoup de mal à accepter
De toute façon, je n'avais pas les moyens de surenchérir.
Fallait que je me fasse à l'idée,
Je n'avais plus personne de sûr à chérir.

Vers soufflés

Mon cœur transpercé d'une lance,
Je suis resté sur le carreau.
Le destin a repris le trèfle de ma chance
D'un coup de pique dans le dos.

Au final, je pense qu'elle avait bien caché son jeu
J'ai trop misé, j'avais de trop grandes espérances.
À découvert, sans plus d'amour, j'ai perdu mon enjeu,
Elle m'a bluffé, la prochaine fois j'aurai peut-être plus de chance.

Damien Khérès

Lettre à Maely

Au départ, une idée, une envie mais rien de très concret.
On s'invente une nouvelle vie, on cherche à se projeter.
Dans un couple, on désire toujours se construire un avenir,
Mais parfois nos souhaits sont un peu plus lents à venir.

L'attente avait en effet paru interminable
Pendant ces longs mois où tu ne faisais que te former.
Ma présence était devenue indispensable,
Auprès de ta mère qui peu à peu se transformait.
Elle avait d'ailleurs du mal à voir changer son corps,
Parmi les nausées et les hormones instables.
Moi par contre je pensais qu'elle avait tort,
Je trouvais ses formes plutôt agréables.

Et un jour, on en voit enfin le bout,
On assiste à l'arrivée d'un petit être.
Sûrement le plus beau jour pour nous,
C'était toi, tu venais de naître.

Notre vie a alors basculé dans un bonheur immensément grand,
Celui de te voir et de t'accueillir, jolie petite fille.

Vers soufflés

D'un simple couple, nous étions devenus des parents,
Pleins d'amour, nous formions désormais une famille.

Maely, ma jolie Maely à la mine angélique,
Tu embellis ma vie d'un coup de baguette magique.
Et si aujourd'hui je suis un père rempli de bonheur,
C'est grâce à toi Maely que j'aime de tout mon cœur.

Damien Khérès

Lalie aime les lilas

Lalie aime les lilas
Mais Lalie vit dans le délit et aime cette vie-là.
Elle perd de son éclat et se rapproche de la folie,
À croire qu'elle se raccroche aux souvenirs enfouis.
Lalie relit les pages froissées de son carnet intime,
Des années salies de son statut de victime.

Lalie aime les pensées
Mais Lalie n'aime pas celles qui la hantent,
Ces pensées éprouvantes qui lui rappellent ses nuits d'épouvante.
On avait volé son innocence dans des blessures impossibles à panser,
On avait violé son enfance, elle en crevait rien que d'y penser.

Lalie aime les pissenlits
Mais Lalie n'aime pas ses ressentis,
Les terreurs nocturnes qui font que parfois elle pisse au lit.
Elle n'affronte plus ses démons, ils ont pris le dessus,
Une conquête mentale des idées noires sur un ange déchu.

Vers soufflés

Femme mélancolique
Mélancolie d'une fleur qui se fane
Drame mêlant coliques de l'esprit aux vomissements de l'âme

Lalie aime les bleuets
Pas les bleus et les hématomes des coups qu'elle a reçus.

Lalie aime les tulipes
Pas les abrutis qui l'accusent du complexe d'Œdipe.

Lalie aime les œillets
Pas ceux qui l'aveuglent au point de tout envoyer chier.

Lalie aime les soucis
Pas ceux qu'elle tente vainement d'oublier dans un déni.

Lalie aime les genets
Pas les cons qu'elle condamne dès le petit-déjeuner.

Lalie aime les iris
Pas les échecs annoncés par les sirènes de police.

Lalie aime les violettes
Pas les pulsions qui la poussent à être malhonnête.

Lalie aime les magnolias
Et le plaisir malsain d'enfreindre les lois.

Si Lalie fait partie des malfaiteurs
Ce n'est surtout pas pour l'argent.

Damien Khérès

Lalie aime beaucoup les fleurs
Et surtout pas les gens.
Elle aurait pu devenir fleuriste
Mais Lalie a préféré la fuite,
Récidiviste, le jour, la nuit.
Elle dévie à la dérive des sentiments arides,
L'envie et l'ennui
Creusent son visage de profondes rides.
Lalie survit du grain de folie qui s'est emparé de sa vie
Qu'elle tache d'oublier et boit la coupe jusqu'à la lie.

Si Lalie fait partie des malfaiteurs
Ce n'est surtout pas pour l'argent.
Lalie aime beaucoup les fleurs
Et surtout pas les gens.

Vers soufflés

L'addition

Elle lui a dit qu'elle l'aimait,
Elle lui a dit « Disparais »,
Elle lui a dit « Ne reviens pas »,
Elle lui a dit « Oublie-moi ».

Cela fait longtemps maintenant qu'il n'a plus de nouvelles,
Plus de nouvelles de Elle,
Et de leurs frasques irréelles.
Il n'a pourtant jamais voulu se faire la belle
Mais il avait été fortement contraint
De subir le « chacun pour tous et tous contre un ».

Elle contre lui

Pourtant contre lui au départ,
Contre son corps, enlacés,
Tout contre lui, elle pouvait croire,
Tout contre lui, ils se sont aimés.

Et puis, contre lui au final,
Dans une lutte pour le mal,
Contre lui, elle voulait se battre,

Damien Khérès

Tout contre eux, eux, acariâtres.

Il a suffi d'une faute pour perdre sa confiance,
Il doutait du pouvoir des hormones.
Il a suffi qu'il cède à une de ses errances,
Il a été victime de sa testostérone.

Qu'est-ce-qui lui a pris ? Pourquoi en est-il arrivé là ?
Il a vraiment tout foutu en l'air.
Il ne mérite que du mépris mais après tout ça lui apprendra,
Toute pagaille mérite salaire.
Une addition salée pour sa sale escapade,
Juste une passade,
Une salace escalade qui passa furtivement,
Juste le temps d'avaler ses remords
Et ce jour fade résonne salement,
Car il en est malade, presque mort.
Triste sort pour un porc.
Esseulé,
Il en a plus qu'assez,
Mais c'est normal qu'à ses excès de sexe
Il soit taxé de conjoint à ex.
Même pacsé, sa faute reste une trahison
Dans l'axe d'une complexe addiction.
Insensé, il a beau ressasser pour effacer ses méfaits
Mais rien n'y fait, c'est passé, le mal est fait.
Il a cassé leurs liens et gâché leur histoire
Agacé, faut qu'il se fasse aux effets du noir.
Passer à autre chose et ne pas céder aux regrets
Il a sauté une pétasse et mériterait une fessée.

Vers soufflés

Il se rabâche comme un lâche qu'il ne l'a pas voulu.
Son panache, il l'a perdu juste pour une histoire de cul.
Y'a pas d'action sans conséquence,
Y'a pas de remords sans souffrance,
Juste une grosse tâche qui s'ébruite
Dans un silence privé de fuite.

Il est, en conclusion,
Le résultat d'un simple opération :
Se soustraire à ses pulsions
Et multiplier les occasions,
C'est diviser ses émotions
Avant d'en payer l'addition.

Damien Khérès

Petite princesse ne t'en fais pas

Petit bout de chou,
Petit bout de moi, petit bout de nous,
Ma petite fille, mon grand bonheur
Jolie Maely, mon petit cœur.

Dès les premiers instants de notre rencontre,
J'ai basculé dans la tendresse
Te prenant dans mes bras, blotti tout contre,
Tâchant de cacher ma maladresse.

Tu étais si petite, si fragile et si belle
Que j'avais déjà peur pour toi.
Mais il paraît que c'est naturel
Et que c'est ça d'être papa.

Je te regarde grandir si vite
En m'émerveillant chaque jour.
Mon amour n'a pas de limite
Et le temps semble trop court.

Vers soufflés

De tes yeux d'un bleu profond,
Tu me fais me sentir mieux.
Dans mon regard toute l'émotion
Que je nous porte à tous les deux.

Petite princesse, ne t'en fais pas,
Pour toi je gravirai tous les donjons,
Te protégerai des méchants rois
Et combattrai tous les dragons.

Sur la mélodie du bonheur,
Je t'inventerai milles chansons
Pour que cessent tes pleurs
Et que ta joie soit la rançon.

Sur le livre de ta vie
Je t'inventerai milles histoires
Pour que tu rêves aussi la nuit
Avant de t'endormir le soir.

Sur les mémoires de nos souvenirs
Je t'inventerai milles poèmes
Pour que tu gardes le sourire
Et simplement te dire je t'aime.

Petite princesse ne t'en fais pas,
Je serai toujours là pour toi.

Damien Khérès

Jeux de lumières

"Mieux vaut allumer une bougie que maudire les ténèbres"
Lao-Tseu

Tout n'est pas toujours si facile, même en amour.
Tout n'est pas toujours si visible, même en plein jour.
Alors quand ils se sont rencontrés ce fameux soir,
Rien ne laisser présager leur rude histoire.

Un gars, une fille, à première vue compatibles en sentiments
Furent bientôt les victimes de destins voués au ressentiment.
L'éloignement comme un poison distillé dans l'esprit du bienheureux
Inhibe et obscurcit tout espoir d'avenir amoureux.

Trop espacés, deux lueurs finissent par s'affaiblir et perdre leur éclat,
Les souvenirs lointains finissent par s'effacer et se remplacent.
Mais lui avait gardé sa flamme et la ravivait en ne sachant pourquoi,
Consumé par le feu de sa mémoire, il tentait de ne pas perdre la face.

Vers soufflés

De bistrots en bars à vin, il a cherché à oublier,
À oublier, puis à retrouver cette chaleur qui lui manquait.
Il a cherché auprès d'une, puis deux, puis vingt
Mais en vain...
Il n'a jamais pu retrouver ce quelque chose qu'elle avait de divin.
Elle était devenue sa quête, son Graal au goût d'inachevé,
Son obsession dans un recoin de son cerveau,
Une montagne qu'on regrette de n'avoir jamais pu atteindre le sommet
En se demandant quelle vue on aurait depuis le haut.

Mais la souffrance est tenace et la volonté capricieuse,
À croire qu'on ne mérite qu'une fin malheureuse.
Alors qu'il suffit de se lancer et d'y croire,
De tout quitter par espoir opportun,
De s'écouter et d'y aller pour rattraper son histoire.
Et à présent c'est chose faite, veuillez me croire.
Les rayons ont enfin convergé vers un foyer commun
Et la lumière a finalement émergé du noir.

Arraché au triste sort, c'est maintenant un couple épanoui,
Les lueurs rapprochées brûlent ensemble aujourd'hui.
Ils n'ont pas voulu être victimes de leur destin, témoins du procès de leur cœur,
Ils se sont fiés au jugement intime, le seul qui condamne au bonheur.

Damien Khérès

Sculpteur de vers

Tantôt sculpteur de vers,
Ou scruteur de rimes,
Des mots je poursuis l'envers
Tel un chasseur de primes.

Demandez-moi la plume
Et je vous écrirai ma prose
À l'encre qui fume.

Jetez-moi en rature
Et mon style se fera morose
Dans sa triste ossature.

J'ai le goût du verbe et le palais délicat,
Le tout est acerbe ne vous y méprenez pas.
Mais prenez à présent le flot de mes mots,
Il s'égoutte dans des sons au compte-goutte :
Clap, clap, un fléau comme un dégât des mots
Dont les gouttes sont des vers qui s'écoutent
Et dégagent du sens, goutte à goutte.
Coute que coute je garde des gammes sous le coude
Pour les placer côte à côte dans le courant qui s'écoule.

Vers soufflés

Le courant continu de mes rimes alternatives
Électrise mes vers contigus qui dérivent.
Si ce que je raconte vous déroute je suis dans le coup,
Ça vaut le coup d'être souple et sans accoup.
Vous coulez dans mon flot et croulez sous mes mots
Du coup, vous pouvez penser à demi-mot
Que je vous saoule et que je me fous de votre égo.
Courage, pour beaucoup le doute s'installe à toute heure
Surtout si on leur sert une soupe confuse à coup sûr.
Soyez gourmand car voici la coupe, l'ouverture,
Le coup d'envoi qui peut inspirer dégoût et des couleurs.

J'ai demandé à la une de faire mon portrait,
Les soirs de pleine lune et les traits tirés.
Devinez qui fut en toute première page,
La capture de la langue et sa prise d'otage.
Je l'ai kidnappé pour mieux la manier,
La manipuler et la faire parler.
À bas les rumeurs, elle ne se débat pas,
Je crois qu'à l'usure elle ne me hait pas.
Plus de frontière entre nous, on s'entend plutôt bien,
De la barrière de la langue, il n'existe plus rien.
Elle est maternelle et moi je suis primaire,
Elle me donne des ailes et ma matière première.
On se dit tout, droit au but et pas de langue de bois,
Pas de langue de pute, juste un peu d'émoi.
Entre la langue et moi c'est une histoire de lutte,
Une joute amicale où la magie s'exécute.
Et si ma langue a fourché, je ne lui en veux pas,
Sur papier j'irai la coucher, pour qu'elle ne meurt pas.

Damien Khérès

Ma langue est vivante, je veux la survolter,
Cultiver ses plantes et les récolter
Et cette aventure me conduit aux vers,
Vers ma vraie nature et mon univers.

Vers soufflés

Vérité et Mensonge

« Je n'ai pas peur de te voir ainsi nue,
Qu'est-ce-que tu insinues ?
Dévoile toi et tombe le masque,
Ainsi tu paraîtras moins flasque ».

Vérité est pudique et se montre timide
Mais elle est unique et peut être insipide.
Si parfois elle reste tapie dans l'ombre
C'est pour mieux cacher son côté sombre.

Son frère Mensonge, lui, se prostitue
Et ne craint pas les substituts.
Il ne songe qu'à se faire passer pour elle
Et raffole des joies d'être infidèle.

« Si tu continues de prétendre d'être Vérité,
Tu finiras par connaître la sévérité.
Côtoyer ton précieux ami Trahison
Te conduira chez Solitude et sa prison ».

Même s'ils ne s'entendent pas, ils sont complémentaires.
Dans notre vie au quotidien, ils nous sont plutôt chers.

Damien Khérès

Car il se peut que Vérité blesse et gâche les sentiments,
Alors parfois on laisse parler Mensonge ponctuellement.

On met tous un peu de Mensonge dans notre Vérité,
Pour se protéger, ne pas froisser, par sécurité.
L'avouer et ne pas refuser de voir Vérité en face,
C'est l'amadouer pour que Mensonge ne prenne sa place.

Vers soufflés

Renaissance

Voici l'histoire d'une vie, voici l'histoire de Flavie,
Voici l'histoire insensée d'un destin qui sévit.
Flavie est encore une petite fille qui se souvient de son passé,
Elle nous raconte comment elle n'a finalement pas sombré.

Jusqu'à 6 ans, Flavie n'a que pour seuls souvenirs précis
Les quatre murs d'une cave et son odeur de moisi.
À cette âge-là, la dernière image qui lui reste en mémoire
C'est la main de son père avant d'être plongée dans le noir.

Un réveil difficile dans un établissement spécialisé,
Elle s'est retrouvée sans famille dans l'enceinte d'un foyer.
D'enfant maltraité à l'état d'orphelin,
La vie est brutale et ses rêves éteints.

Flavie était à nouveau seule et anéantie,
Elle passait toutes ses journées cachée sous son lit.
Rien ne pouvait l'en faire sortir pas même cet enfant,
Venu la chercher pour jouer, elle le mordit jusqu'au sang.

Et puis un jour, la directrice du foyer lui dit que c'est son heure
Qu'elle prépare ses affaires et qu'elle avale sa rancœur.

Damien Khérès

Flavie aura passé dans ce lieu un peu plus de trois ans
Elle n'espérait plus mais crut la vieille dame sur-le-champ.

Dans l'ambulance qui l'éloigna de son silence,
Flavie ne cachait pas ses angoisses et ses peurs.
Péniblement, il lui sembla avoir traversé la France
Elle redoutait un nouveau parcours de douleur.

Postée devant une humble maison,
Une femme élégante l'attendait.
Elle souriait sans raison
Mais ça l'a réchauffé.
La femme s'est montré charmante
Et l'a même embrassé.
Flavie a découvert une maman
Et mis son propre cœur à l'essai.
Le soir-même, ce fut la venue d'un homme grand et gentil,
Un homme aux yeux bleus d'une sincère bonté.
Même dans ses rêves Flavie ne le voyait pas ainsi,
Ce père adoptif, elle ne pensait pas le mériter.

Un nouveau toit, une nouvelle vie,
Des parents digne de ce nom.
Nouveau chez soi, nouvelle Flavie,
Un nouveau départ, comme un don.

C'est à l'âge de 9 ans que Flavie a commencé à vivre
Lorsqu'elle a rejoint cette famille.
C'est à l'âge de 9 ans qu'elle a ri à s'en rendre ivre
Comme une véritable petite fille.

Vers soufflés

Une insouciance et une légèreté,
Qu'elle ignorait alors,
Sont venus l'habiter
Et la couvrir d'or.
Un trésor inespéré, celui d'avoir des parents aimants,
Des parents bienveillants et attentionnés.
C'est à l'âge de 9 ans que Flavie a eu des parents,
Et c'est grâce à eux qu'elle n'a pas mal tourné.

Aujourd'hui, Flavie a bientôt atteint quarante ans,
Le teint coloré et pleins d'étoiles dans les yeux.
Trente ans après elle remercie encore ses parents,
Cette femme élégante et cet homme aux yeux bleus.

C'est à son tour maintenant,
Elle vient juste d'être maman.
Et en tant que parent,
Elle espère pouvoir donner autant
À ses futurs enfants.

Damien Khérès

Les poétiques anonymes

À la réunion des poétiques anonymes

Mr Lacroix, victime des rimes croisées :

_ Je me prénomme Mr Lacroix
Et je ne suis plus quoi faire
Car plus personne ne me croit
J'ai l'impression de vivre un enfer.

Mr Brassé, victime des rimes embrassées :

_ Ne m'en parlez pas,
Moi c'est Mr Brassé,
J'ai fait fuir ma fiancé
Qui ne supportait pas.

Mr Aplat, victime des rimes à plat :

_ Enchanté, moi c'est Mr Aplat
Et je n'en fais pas tout un plat.

Vers soufflés

Moi je trouve ça plutôt bien
De parler comme un tragédien.

Mr Lacroix :

_ Si vous dites cela
C'est que ce n'est que le début.
Attendez quelques mois
Et vous n'en pourrez plus.

Mr Brassé :

_ Je suis entièrement d'accord
Pour moi ça fait déjà 6 mois
Et si ça ne tenait qu'à moi
J'annulerai vite ce sort.

Mr Aplat :

_ Ne le prenez surtout pas comme ça,
Il ne faut pas y voir que des tracas.
La vie est enjolivée et un peu plus douce
Avec des mots ordonnés plein la bouche.

Sachez messieurs qu'avec les dames,
Ce langage dont je me pâme,
Est un avantage bien agréable

Damien Khérès

Et pour la séduction, redoutable.

Si l'on en croit Mr Lacroix,
Son malheur croît sans cesse.
De l'injustice il porte la croix
Mais c'est l'élégance qu'il caresse.

Mr Brassé semble embrasser
Un destin qu'il ne mérite pas.
Et ce n'est pas de son phrasé le résultat
Si son couple s'est encrassé.

Mr Aplat quant à lui a tout compris.
À plat de couture et sans mépris,
Il aime la vie et reste positif,
Il aime les mots, pas les plaintifs.

Vers soufflés

Vengeance amère

Je suis venu, j'ai vu, j'ai vaincu
Je n'ai pas été vain dans ma quête
J'ai tordu l'espoir à vingt cous
Tenant vingts méchantes têtes.

Ils ont voulu m'évincer,
Ils ont voulu me taire
Mais quand vint le coup du guilleret
J'ai voulu les voir six pieds sous terre.

Trente ans de loyaux services
Anéantis en un instant
M'ont fait imaginer les sévices
Que je leur infligerai à temps.

En temps et en heure et en tant que victime
J'entends me faire justice.
Et avant de plonger dans l'abime,
J'attends le moment propice.

J'ai échafaudé un plan contre ces chiens
Pas d'échappatoire à ma chaude vengeance

Damien Khérès

Ils m'ont tout pris, ma dignité, ma vie, mes biens
Je suis un chat échaudé qui ne craint pas la violence.

Honte à vous, ignobles vermines, pour vos crimes.
Vous vous croyez tout permis, ne soyez plus arrogants.
Depuis le temps que je rumine,
Depuis le temps que je contiens ce feu qui m'anime,
Depuis le temps que je rêve de cet ultime châtiment,
Celui où je vous élimine, proprement.

Je suis à nouveau entré dans votre antre,
Dans le ventre de vos turpitudes,
En forçant le passage jusqu'au centre
Où vous conspirez d'habitude.

Je suis venu armé et ai dégainé ma colère
J'ai vidé mon chargeur sur vos mines austères.
Un par un j'ai regardé dans vos yeux avant de vous abattre
Je voulais y voir la peur et du sang le goût âpre.

Je voulais vous voir crever en enfer,
Je voulais mettre fin à vos actes immondes,
Je n'ai fait que perdre le contrôle d'une vie amère
Juste avant de quitter moi-même ce monde.

Vers soufflés

Nouvelle branche

Tic, tac, tic, tac
Le compte à rebours se déclenche
Prends tes cliques et tes claques
Vite, faut que tu tranches
Oublie les micmacs et tranche
Prends toi une franche part du gâteau
Avant ton départ, de la lame blanche du couteau.
Plus de micmacs, finies les mimiques des macs,
Finis les arnaques et les effets chimiques du crack.
Vite, faut que tu te lances,
Faut que t'y penses,
Planche à ta reconversion
Et à tes dimanches d'évasion.
Si tu te penches sur ta vie
Tires-en une revanche
Pour que s'épanchent tes envies
Mais si tu flanches t'es marron.
Tu as droit à une deuxième manche
Une deuxième chance, une nouvelle branche où t'accrocher
Car l'arbre sur lequel tu te retranches,
Il est en train de s'effondrer.

Damien Khérès

À la recherche de l'enfance volée

Où est passée l'enfance ?
Où est passée l'innocence de nos chers bambins ?
Où est passée la chance,
Et la magie de n'être qu'un gamin
De l'enfant roi à l'enfant proie
Qu'avons-nous fait de leur éclat ?

Je vois des petites filles mettre des strings à 7 ans,
J'en vois à 10 ans poser sur des affiches affriolantes,
Je vois du maquillage sur des visages trop jeunes,
Je vois des victimes trop précoces pour être fashion,
Je vois des garçons qui ont des capotes avant d'avoir du poil au menton,
J'en vois qui fument à 8 ans pour masquer l'haleine des bonbons,
Je vois des pré-pubères devant des films porno,
J'en vois abrutis, devant la violence des jeux vidéos.
Y'a plus de dînettes après 8 ans,
Y'a plus que des minettes en avance sur leur temps.
Dans la cour d'école, finies les marelles et les cordes à sauter,

Vers soufflés

Ils jouent avec leur portable et se filment dans des vidéos osées.
Finis les voitures qui font vroum-vroum et les playmobil
« Si tu veux m'inviter à ta boom tu peux m'appeler sur mon mobile ».
Chez eux, ils mettent des photos sur internet,
Et pas que des photos de leur tête,
Sans se soucier de ces salauds qui guettent,
Ces obsédés qui se font passer pour des minots et jouent les trouble-fête,
En somme des dingos pas très nets
Qui ne cherchent qu'à profiter de leur innocence par des courbettes.
En classe, les élèves n'écoutent plus les professeurs
Ils ont le sentiment de subir leurs cours bêtes.
Pas envie de se confronter à leurs peurs,
Trop occupés à envoyer des sms la main dans la trousse
Que de chercher à comprendre le monde à leurs trousses.
Et que dire de ces immondes concours de mini-miss,
Qui minimise de présenter des gamines qui se trémoussent en mini-jupes.
Où est passé le respect et la liberté des enfants ?
Demande à Mickey si Minnie mise sur ces excès sans qu'on s'en préoccupe.
Je ne suis pas dupe et je reste méfiant,
Je milite au minimum pour une enfance ni soumise, ni pute.
Dans ces concours, les mères exposent sous les projecteurs leurs progénitures
Comme des poupées de rancœur à qui on promet une vie d'aventures.

Damien Khérès

Poussées par le souvenir de leur propre échec cuisant,
Elles s'essoufflent à rendre leur gosse ridiculement séduisant.
En les transformant en princesse de podium,
Elles en oublient que ce n'est encore que des mômes.
Les petites filles rendues esclaves d'une ambition étrangère
N'osent rien dire quand tant de plaisir se lit dans les yeux de leur mère.
Satanée fierté égoïste, triste conséquence d'une frustration mal digérée
Et qui des deux fait preuve de sacrifice ? Sûrement pas celle qui devrait.

Où va-t-on et où va le monde ?
C'est pas ce que je veux pour nos chères petites têtes blondes.
Préservez-les du tumulte des temps modernes le plus longtemps possible,
Ils auront tout le temps d'être adulte avant d'en être la cible.

Ne laissons pas l'enfance trop tôt s'envoler,
Nul n'est bon d'être trop précoce avant l'âge.
À la recherche de l'enfance volée,
Aux mains des temps volages,
Adultes, laissons nos fenêtres sans volets
Protéger la jeunesse de son éclairage.

Vers soufflés

Descente d'organes

Je te connais par cœur.
Je te connais par cœur et aujourd'hui la rancune m'écœure,
Cette rancune qu'aucune rancœur n'a jamais laissé sur ma langue que ce goût de langueur.

J'aurais préféré te connaître parfois,
Juste te voir quelques fois, par choix, loin de chez moi et loin de chez toi
Sans avoir la foi de n'espérer qu'entre toi et moi il n'y aurait jamais de dernière fois.

Tout ce que touche je le rate.
En toute bonne pâte, dans mes pénates, je cherche en hâte le contact.
Mais tout se gâte et écarlate j'en ressors âpre après m'être pris une grosse claque.

J'ai beau me dire "je m'en bats les reins",
À coups de burin dans mon cerveau, ça sert à rien, dans mon purin ch'uis qu'un vaurien.
Je n'y peux rien, je suis comme ça, j'en n'ai pas l'air et l'air de rien je n'ai vraiment pas un cœur d'airain.

Damien Khérès

Je n'ai plus d'air dans mes poumons.
Je respire à fond et comme un con je vis sous les ponts, j'attends le limon.
Rien ne vient sans mes démons, j'ai l'impression de remonter l'eau comme un saumon.

C'est pas vrai que je me fais pas de bile.
Je pars en vrille, ça m'obnubile, je suis débile, il faut que je bouge, je reste immobile.
Pourquoi ma vie défile ainsi ? Qui tire les fils de mon destin, pourquoi est-il si volubile ?

J'en suis malade, je t'ai dans la peau.
Je suis un crapaud sans sa princesse, pas de pipeau ni maladresse, j'ai juste pas de pot.
Je suis en stress, je hisse le drapeau blanc, fin des caresses, voilà le topo.

J'ai les organes en compote,
Elle est partie et tout capote.
J'ai même plus de potes, j'ai plus la cote et puis je barbote comme une crotte pâlotte qui flotte.
Et je sanglote, j'ai la tremblote, faut qu'on me ligote, je me sens pas bien, je sais je radote.

Je te connais par cœur
Mon cœur...
J'aurais préféré te connaître parfois
Tout ce que touche je le rate

Vers soufflés

Mon foie...
Ma rate...
J'ai beau me dire "je m'en bats les reins"
Je n'ai plus d'air dans mes poumons
Mes reins...
Mes poumons...
C'est pas vrai que je me fais pas de bile
J'en suis malade, je t'ai dans la peau
Ma vésicule, ma bile...
Ma peau...

Je suis devenu une merde et bon à rien
Alors qu'elle digère le drame.
Si l'homme était un organe il serait l'intestin
Et le pancréas la femme.
J'ai anéanti mon destin
Et dieu créa la femme.

Je suis terne et elle, cherche ce qui brille.
Je suis en berne et elle, frétille.
Regarde mes cernes, j'ai plus de pupilles.
Tant que ça me concerne, je me recroqueville.
Dans ma caserne, y'a tout qui vacille.
Je suis terne et elle, cherche ce qui brille.
Elle a sûrement trouvé mieux et moi j'ai mal aux organes.
Rien à faire c'est affreux mais contre l'argent l'or gagne.
J'ai les organes en compote,
Elle est partie et tout capote.

Damien Khérès

Dans mes yeux

De si petites mains, un si petit corps,
Un petit être tellement fragile et si délicat,
Ma petite fille Leane que déjà j'adore
Ces quelques vers sont tout à toi.

Peut-être les liras-tu plus tard lorsque tu seras plus grande,
Peut-être que je te les dirai quand tu m'en feras la demande,
Tu comprendras ainsi cet amour merveilleux
Que pour l'instant tu devines simplement dans mes yeux.

J'aime te regarder, t'observer, te contempler,
Il y a dans tes gestes quelque chose de sublime
Comme si dans le simple fait de bouger
Je voyais un ange céleste qui s'exprime.

J'aime te regarder dormir,
Voir sur ton visage cette expression de sérénité
Et puis sans mot dire
Te souffler mon admiration passionnée.

J'aime te regarder sourire,
Voir tes petits rictus enjôleurs

Vers soufflés

Voilà le plus simple des plaisirs,
Mais c'est peut-être juste ça le bonheur.

J'aime te regarder t'éveiller
Et te voir évoluer chaque jour
Comme si le mot émerveillé
M'accompagnait pour toujours.

Alors si au fond de mes yeux mes prunelles
À ta lumière vacillent,
Ce n'est que l'expression naturelle
De l'amour d'un père à sa fille.

Damien Khérès

J'attends

Tout seul dans ce cachot, coincé entre 4 murs,
Sans même une fenêtre pour m'accorder sa lumière,
Sans souffle de vie dont je n'entends plus les murmures,
Sans plus d'avenir, mon existence est derrière.

Seul avec mes pensées, le temps s'étire.
Même si c'est tard je n'ai que des remords
Et je sature à ne voir que le pire.
Même si j'ai tort je ne suis pas encore mort,
Mais peut-être un peu tordu
Car si le tort dure, ma folie ne fera que grandir
Comme une longue torture car c'est pas demain que je sors.

Encore patient, toujours déchu, je perds le nord.
J'attends mon sort, je suis perdu dans le couloir de la mort.
Au corps absent, destin échu, je ne ferai plus aucun effort.
J'attends la mort, je suis perdu dans le couloir de mon sort.

Si j'avais su, si j'avais pu,
Ce n'est pas avec mes mains que je me serais battu.
Si seulement je pouvais tout recommencer,
Je ferai en sorte de ne plus rien gâcher.

Vers soufflés

Si j'avais eu plus de chance,
Si j'avais eu une bonne enfance,
Si je n'avais pas arrêté l'école,
Si je n'avais pas pris le mauvais rôle,
Si j'avais pu être quelqu'un d'autre que moi
J'aurais probablement fait de meilleurs choix.
Mais si simplement j'avais cru en la vie
Je n'aurais peut-être pas fini ainsi.
Alors je me mets à *rêver* de *si, fa*tigué,
Las, sur le *sol* de mon dernier *domi*cile
En fredonnant l'air que j'aurais pu respirer
Si je n'avais pas commis tous ces homicides.
Ré, si, fa, la, sol, do, mi
Voici le dernier refrain de ma vie :

Encore patient, toujours déchu, je perds le nord.
J'attends mon sort, je suis perdu dans le couloir de la mort.
Au corps absent, destin échu, je ne ferai plus aucun effort.
J'attends la mort, je suis perdu dans le couloir de mon sort.

Damien Khérès

Conte de grime

Les dandys se dandinent
Tandis que dînent
Les bandits en sourdine.

La situation peut paraître injuste
Quand les aveugles dégustent
Alors que les sourds dînent.

On ne badine pas avec la vie,
La vie radine, l'ami câline, la mine confit
Et qu'on ne me bassine pas avec la mort
Celle qui confine dans les remords.
Je vous serai gré de ne pas avoir de remord
Je ne suis pas encore mort pour avoir de regret,
Plutôt amorphe et victime de la morphine
Pour succomber à la vie grasse et oublier la mort fine.

Assis sur un banc, les mains dans mon jean,
Vision étriquée
Comme dans un banc de sardine,
J'ai peur d'étouffer
Je crois que ça me mine.

Vers soufflés

Alors je mendie,
Je mendie car on dit que la mendicité met à l'amande
Les non-dits qui ne demandent qu'à être cités.
Je mendie et tends ma mimine
Pour qu'elle se radine, cette maudite véracité.

Copine, concubine, confiserie qu'on butine, combustible qu'on calcine,
Contamine-moi je trépigne, comme un con sans vitamine qu'on anime.
Je m'acoquine sans complexe, que tu sois coquine ou non je m'en cogne,
Sois copine ou bien coquine sans sexe mais surtout sois câline sans rogne.
Comestible ou pas, le coquillard je m'en tartine,
Qu'on m'estime ou qu'on me confine dans un con de film qu'on fulmine,
Ça conditionne pas ma conscience, c'est pas comme ça qu'on m'abîme.
Viens pas te changer dans ma cabine si tu veux pas de coup de carabine.
Si tu tapines gare à tes lignes je suis plus piquant qu'une épine
Aïe !
Et si tu lis entre les lignes, tu comprendras peut-être ma déprime,
Celle qui comprime, celle qui brime, celle qui fait que la vie est un crime.
T'auras pas de prime si tu me supprimes,
Pas de besoin de ton aide, c'est pas la pitié qu'on prime.

Damien Khérès

Trêve de mytho, y'a pas de déprime,
C'est que des mots, c'est pas de la frime.
Je raconte parfois des contes comme les frères Grimm,
Ne m'en veuillez pas, et pas de honte, c'est pour la rime.

Par mes vers j'erre dans le verbe comme le vert se perd dans l'herbe
Et si t'es pas contre un petit verre, je t'explique ma technique acerbe.
C'est pas la guerre dans les tranchées, j'ai rien d'un serbe
Sinon je te laisse en paix, pour que tu digères mes proverbes.

Vers soufflés

Sur la route du Rhum

Tout tangue autour de lui
Et son estomac fait des siennes.
Il a du mal à se tenir droit
Et son visage est blême.
De jour comme de nuit,
Tout son monde le malmène.
Il est devenu maladroit,
Et c'est bien là le problème.

Il a pris la route du Rhum en solitaire
Et se laisse porter par les vents.
À la dérive des sentiments,
Il n'a plus les pieds sur terre.
Dans son isolement,
Son combat est permanent,
Tant que persiste son foutu mal de mer.

Si le courant l'emporte et si son corps coule à pic,
Personne ne pourra éviter ce moment fatidique.
Et s'il se noie, ce ne sera pas dans l'eau
Mais dans une flaque de vomi.
Car cet homme n'est pas un héros
Mais un alcoolique en fin de vie.

Damien Khérès

Jeux de Rhum

Cet homme était un monument
Mais sa façade vient de s'écrouler.
On a tous des moments d'égarement
Mais lui a fini par ne plus se retrouver.

C'est dans ses recoins honteux qu'il cachait,
Avec ses remords de vieil homme,
Près de ses pilules et de ses cachets,
Ses précieuses bouteilles de Rhum.

Voilà son défaut, sa faiblesse, son talon d'Achille,
Une addiction coriace à ce foutu liquide.
Ne le cherchez pas, il ne sort plus en ville,
Creusé par l'alcool, il ne montre plus ses rides.

Chez lui c'est un joyeux bordel,
Un véritable Capharnaüm.
Mais il retrouve toujours l'essentiel
Car tous les chemins mènent au Rhum.

Le Rhum, il en est baba.
Son arôme, délicat,

Vers soufflés

Ses atomes, sournois.
« Un Rhum par jour éloigne le docteur »,
C'est ce qu'il croyait jusqu'à ce que trois bouteilles lui fassent oublier le bonheur.

Devenu une habitude, presque un toc,
Il a le Rhum en tic et l'illusion d'une vie en toc.
Depuis la Rome antique,
Entre l'homme et le Rhum
Se joue une passion romantique
Dont rien, ni personne, pas même l'homme
Ne ressort jamais vainqueur, de ces fameux jeux de Rhum.

Damien Khérès

Le café du matin

Quand le rêve atteint son point final,
Et quand sortir du lit est une épreuve,
Le café traite la somnolence matinale,
C'est un traitement qu'a fait ses preuves.
Qu'a fait quoi ?
Café noir, robusta ou arabica,
Le café du matin réveille, ça ne s'invente pas.

Et pour tous ces matins où tout est encore flou,
Où même ton reflet dans le miroir te fait peur,
Où pour ne pas te lever tu préférerais te faire empaler d'un clou,
Le café reste la seule drogue licite capable de te faire changer d'humeur.

Un arôme torréfié qui à l'énergie donne un coup de fouet
Comme un chien terrifié qui vient de recevoir un coup de pied,
Le café du matin chasse la fatigue aussi violemment
Qu'un coup de vent chasse les nuages du mécontentement.

Le café du matin peut compter sur sa foule d'habitués
Qui ont chacun leur rituel particulier.
Certains le prennent allongé, debout dans leur salon,

Vers soufflés

D'autres le préfèrent court, lors de longues réflexions.

On aime le prendre avec ou sans sucre, avec parfois un peu de lait,
Tout seul ou accompagné d'un petit-déjeuner complet,
Sur place ou à emporter, dans sa bagnole,
Ou encore au distributeur du bureau,
Dans une tasse, un mug ou dans un grand bol
Pour garder ses mains bien au chaud.

On aime le prendre chaud ou froid, été comme hiver.
Y'en a même qui y trempent leur morceau de camembert.
Et pour le bien-être, on peut le terminer par une clope,
Parait-il que le transit intestinal, ça le dope !

Alors vous l'aurez compris, ce texte est un hommage au café du matin,
Celui qui stimule l'esprit, celui qui fait du bien,
Celui qui soigne l'impression d'un état fatigant
Et dont tous les connaisseurs pourront en dire autant.

Damien Khérès

Instants

« *Chaque instant est bonheur à qui est capable de le voir comme tel»*
                                                               Henry Miller

Regard

Extirpé de mon journal de métro, un profond regard aimanté
A depuis perturbé mes nuits que ses yeux aiment hanter.
Si ce jour-là je n'avais pas été aussi en retard,
Ce regard m'aurait transporté jusqu'à la dernière gare.

Étreinte

Un instant lové dans ses bras comme se blottit un enfant,
Je me délecte de l'intensité de cet instant
Et je laisse glisser sur moi ce temps éphémère
Pour m'abandonner simplement aux plaisirs primaires.

Vers soufflés

Rêve

Si certains rêves nocturnes nous accablent,
Pourquoi faut-il que les plus agréables
Finissent toujours violemment interrompus
Par la sonnerie d'un réveil impromptu ?

Détente

Allongé confortablement sous un soleil radieux
Et caressé par une brise d'un parfum délicieux
Voici le moment de répit que je préfère
Juste avant qu'agisse mon intime somnifère.

Sourire

À cet instant chaque fois mon cœur se remplit
En effaçant tous mes tracas comme par magie
Lorsque sur son visage un sourire se dessine
Je ne suis plus qu'un pantin que le bonheur anime.

Du même auteur :

Poésie
- *Brouillon(s) de vie(s)*, ISBN 978-2-304-02024-3, éditions Le Manuscrit, 2008
- *Mots d'esprits*, ISBN 978-2-810-60428-9, éditions BOD, 2010

Nouvelles
- *Chassés-croisés*, ISBN 978-2-810-62348-8, éditions BOD, 2012

Roman
- *Au-delà des lettres*, ISBN 978-2-810-61970-2, éditions BOD, 2010

Site internet de l'auteur : **www.damienkheres.com**